M000012094

VENI VIDI WEB

Gianroberto Casaleggio

ADAGIO | www.adagioebook.it

Autore Gianroberto Casaleggio
Introduzione di Fedez
Illustrazioni di Luca Patanè

ISBN 978-88-96337-66-0

INDICE

INTRODUZIONE

L'importanza del web. Sembra pleonastico doverla sottolineare nel primo quarto di secolo del terzo millennio, laddove i nativi digitali supereranno presto per competenze e numero i nativi analogici; eppure la realtà delle cose è meno scontata di quanto si possa immaginare. La rete in sé è molto, ma non è abbastanza. E anche chi ne fa un uso disinvolto e quotidiano, rischia di non comprenderne appieno il potenziale se non cerca di osservare le cose da un'angolazione diversa, accettando l'idea che, quando si parla di web, esiste sempre una prospettiva più profonda ed è su questa lunghezza d'onda che ci si dovrebbe sintonizzare.

In quest'ottica il libro di Gianroberto Casaleggio è un manuale chiaro e fruibile su quello che dovrebbe essere il miglior approccio possibile al web, declinato attraverso le fisiologiche conseguenze economiche, sociali e politiche. Perché soltanto chi capisce che la rete è prima di tutto organizzazione, potrà valorizzare le proprie visioni; perché soltanto chi prende coscienza che internet è un ascensore già proiettato nel futuro, potrà muoversi nella giusta direzione e con i giusti tempi, senza restare incollato al passato. Un passato in cui le persone erano consumatori senza volto e senz'anima, i lavoratori "risorse umane", gli elettori semplici numeri. Oggi la rete si sta abbattendo come uno tsunami su modelli stantii e polverosi; sulle visioni vetuste di aziende e gruppi di potere che non hanno ancora compreso che internet non è soltanto un mezzo per raggiungere l'utente finale, ma è anche e soprattutto lo strumento in mano all'utente finale per diventare parte integrante dell'intero processo mediatico, attraverso scelte consapevoli dettate dalla trasparenza. Un meccanismo questo in cui gli utenti si fanno parte attiva e interattiva del dibattito politico così come dei processi aziendali.

Quello che Gianroberto spiega è come la rete stia cambiando i rapporti fra le persone, ponendo proprio l'individuo al centro del tutto. L'accesso del cittadino alle fonti d'informazione ha innescato un percorso in cui la trasparenza, la scomparsa di intermediazioni senza valore aggiunto e l'abolizione della censura, diventano i pilastri di un nuovo modo di concepire la società – e i suoi risvolti – attraverso la rete. Una presa di coscienza che va decisamente al di là del semplice senso di appartenenza verso un'era digitale che pervade ogni aspetto della nostra quotidianità. La rete non è soltanto un mezzo o un sistema informatico, la rete è prima di tutto una risorsa.

Chi come me ha avuto successo anche grazie alle potenzialità di internet, sa che cosa significhi interfacciarsi con un medium così democratico e meritocratico. Un acceleratore di risultati in cui se piaci funzioni e se non piaci e non hai nulla da offrire sei bruciato. Un assioma che vale per la musica, così come per infiniti altri campi artistici, economici, commerciali e, naturalmente, politici. Tanto che oggi quella stessa interattività, requisito indispensabilmente *smart*, per i politici, la cui rapida ascesa è stata scandita da un uso brillante, e quasi sfrontato, del web, rischierà di trasformarsi in un boomerang se gli stessi politici non saranno in grado di dimostrare con i fatti la veridicità delle proprie parole, rendendo conto delle proprie azioni all'opinione pubblica in tempo reale.

Ma oggi internet, o come dicono i radical chic "l'internet", può rappresentare una nuova frontiera anche nell'uso consapevole del nostro bene più prezioso: il tempo. La rete si fa così salvadanaio del tempo, consentendo a chi non si fa "consumare" da tv, centri commerciali, intermediazioni inutili e costose, e ruote del topo varie, di innescare una vera e propria rivoluzione: quella della qualità della vita.

Forse saremo visti come dei sovversivi da multinazionali e dal mondo della politica, ma la verità è che la conoscenza rende liberi e un approccio consapevole alla rete – purché accessibile, semplice e intuitivo – oggi può offrire una libertà reale (ben più concreta di quella formale garantita dalle leggi) fatta di tempo libero, scelte meditate e capacità di analisi.

Credere nel web e nel suo straordinario potenziale non significa essere né integralisti né fondamentalisti della contemporaneità, significa comprendere la rete e farne un'opportunità concreta per migliorare le nostre esistenze e accrescere la nostra conoscenza.

In alcuni casi trasformandola persino nel trampolino per realizzare i nostri sogni.

E non lo dico alla luce della mia esperienza personale. Ne sarei stato convinto anche se internet non mi avesse cambiato la vita.

Fedez

Parsifal e la ricerca del significato

significato, volontà e immaginazione

Qual è la direzione? Quale il senso della vita lavorativa? La nostra professione assorbe la maggior parte del tempo, la miglior parte del tempo: la giovinezza e la maturità. A fare cosa? E per quale motivo? Guidati da quale significato?

L'avvento della produzione industriale ha reso queste domande abituali per le persone. La ripetizione, la spersonalizzazione e il profitto, considerato valore fondamentale, sono normali nelle aziende e nelle fabbriche. Si lavora per mangiare, per guadagnare di più, per fare carriera, per recitare un ruolo sociale, per potere. Tutti motivi in parte comprensibili, in particolare il mangiare, ma è veramente tutto qui? 35 anni moltiplicati per 200 giorni per 8 ore meritano di più. Quanti lavorano per realizzare se stessi? Quanti si accorgono delle loro potenzialità? Quanti, entrando in ufficio o in fabbrica, hanno la sensazione di fare la cosa giusta, di esercitare una scelta non dettata dal bisogno o da una rinuncia a priori? È stupefacente il numero delle persone che tirano letteralmente a campare convinte che sia giusto così; "Del resto è così", direbbe Enrico Bertolino.

Il lavoro come obbligo, come dipendenza, diventa una condizione umana simile all'autoipnosi, un sogno permanente dal quale è meglio non svegliarsi. Non si sa mai. Il tempo, l'unica reale ricchezza di cui disponiamo, è sprecato, banalizzato, utilizzato come se fosse una risorsa infinita. Spesso il tempo lavorativo è visto come una gabbia temporale in cui le persone sono autorizzate a non pensare, a non esistere. Il cartellino è la chiave della gabbia. Poi, finalmente, il tempo libero, visto come un'oasi, come una fuga dal lavoro, ma in fondo da esso totalmente dipendente.

Replichiamo gli ambienti di lavoro anche in vacanza. Courmayeur e Rimini sono rese sempre più simili alle città in cui lavoriamo. E spesso ci incontriamo pure i colleghi. A fine agosto, tornando in ufficio dalla Bretagna, sono stato infastidito dalla ripetitività delle frasi che dovevo sentire: "Finite le vacanze? – Sì, purtroppo – Io non me le ricordo neanche più – Adesso dobbiamo aspettare l'anno prossimo – Siamo di nuovo qui – Si stava meglio prima!".

Un mantra ripetuto per esorcizzare il rientro. Ma nessuno ci obbliga ad accettare una condizione di dipendenza. Se non esprimiamo noi stessi, la colpa non può essere addebitata al sistema. Noi siamo i responsabili.

Wasteland è il nome dato dai Celti alla terra senza vita, piena di desolazione che divenne, per un certo periodo, l'Inghilterra al tempo di Re Artù. La Britannia sembrava preda di un sortilegio. Merlino convinse Artù che per sciogliere l'incantesimo si sarebbe dovuto ritrovare il Graal. Il cavaliere puro di cuore inviato a cercarlo fu Parsifal. Ma cosa doveva cercare? All'inizio lo ignorava e solo quando comprese il reale significato della ricerca Wasteland cessò di esistere. Il Graal ha avuto molte interpretazioni: piatto in cui Gesù consumò l'agnello pasquale, pietra magica, corno dell'abbondanza, calice dell'Eucaristia, calderone celtico della vita, la conoscenza assoluta e altre ancora. Probabilmente è la ricerca del significato della nostra esistenza. Wasteland è la nostra vita in assenza di significato. "To waste" in lingua inglese vuol dire guastare, distruggere, sprecare, dissipare. Quello che quotidianamente facciamo in assenza di una ragione superiore per le nostre azioni.

Quella ragione superiore che nel nostro lavoro dovrebbe essere la volontà di migliorare, di creare, di generare positività. A chi scuotesse la testa suggerisco di provare a cambiare e di usare la propria immaginazione senza porsi dei limiti a priori. Ad applicare ed esercitare la sua volontà. Significato, volontà e immaginazione sono tre potenti talismani che chiunque possiede; di solito sono latenti, ma sono lì, a nostra completa disposizione. Con essi si può creare una nuova realtà che non sembrava possibile. Non è forse così che sono successe tutte le cose importanti nella Storia, con la esse maiuscola, e anche nella nostra vita quotidiana? Con un significato, l'immaginazione e la volontà?

Usiamo i nostri talismani, dissolviamo il sortilegio di Wasteland.

Riferimenti:

Goffredo di Monmouth e altri, "Merlino il profeta", ECIG

Colin Wilson, "L'occulto", Astrolabio

Siamo uomini o caporali

venga avanti risorsa umana...

"Siamo uomini o caporali?" si interrogava Totò nell'omonimo film.

Nel mondo del lavoro la risposta a tale domanda non può che essere una: siamo caporali! Almeno per le aziende che dispongono di risorse umane e di dipendenti. Oggetti di consumo irregimentati, usati, comandati e, nella new economy, plagiati e persuasi a lavorare di notte o con il pc sotto il cuscino.

Ho scritto "risorse umane" e "dipendenti" e forse non se ne è notata l'assurdità perché questi termini sono usati spesso nel linguaggio comune. Il termine risorse umane fu coniato anni fa per evidenziare l'importanza delle persone in quanto risorse aziendali, parificandole, di fatto, a quelle finanziarie e produttive. Prima, forse, avevano una priorità inferiore nelle strategie aziendali. Oggi, solo in un racconto del ragionier Fantozzi una persona può ragionevolmente accettare di farsi chiamare risorsa umana. "Venga avanti risorsa umana...".

La parola dipendente è da sempre usata per definire una posizione subordinata, di persona senza una reale autonomia: dipendente appunto.

Ma l'unico vero dipendente è l'amministratore delegato che senza le persone può solo chiudere la società e rassegnare le dimissioni. Consideriamo ora due fatti. Primo: la Rete impone una rivoluzione organizzativa alle aziende, rivoluzione al cui centro vi è la persona. Secondo: la new economy ha bisogno di sempre maggiori persone qualificate, che scarseggiano. Questo determina uno squilibrio crescente tra domanda e offerta, che è ormai un dato di fatto e pone la persona al centro di qualunque strategia di business legata alla Rete.

Quindi, per favore, basta con le risorse umane, basta con i dipendenti e parliamo di persone. Cambiamo il linguaggio e, cancellando parole dal sapore feudale, ci avvicineremo alla soluzione di un problema ora serio e domani determinante per la stessa sopravvivenza delle aziende e delle economie. Parliamo invece di persone, di comunità aziendali, del piacere di fare il proprio lavoro, di clima positivo, di valori condivisi, anche etici e solidaristici, di apprendimento continuo, di trasparenza, di distribuzione del valore prodotto, di empowerment, di responsabilità individuale sul risultato, di teamwork, di divertimento come forza creativa, di condivisione della conoscenza. Le vecchie priorità vanno sovvertite. L'attenzione della società deve focalizzarsi, nell'ordine, sulle persone che ne fanno parte, sui clienti e quindi sugli azionisti. Di solito questi ultimi sono sempre citati al primo posto...

Questo rovesciamento delle priorità, se seguito da politiche conseguenti, genera paradossalmente maggiore valore per gli stessi azionisti e per i clienti, e tutela l'azienda. Se il motore della new economy sono le persone, chi ne dispone e le motiva vince rispetto ai competitor. Per ottenere questo obiettivo, la Rete è uno strumento fondamentale. La prima priorità di un'azienda deve essere quella di mettere la conoscenza sulla propria intranet, consentendo a ogni persona di accedervi e di contribuire incessantemente con le sue idee allo sviluppo della società.

La conoscenza aziendale, tutta la conoscenza, deve

essere disponibile alla persona che deve anche poter partecipare al processo decisionale. Questo presuppone una società trasparente, senza censura, con ogni funzione aziendale disponibile a mettersi in gioco e a farsi valutare. Le società devono offrire nuovi servizi alla persona, liberandola da problemi quotidiani, fornendo, ad esempio, assistenza legale o psicologica in ufficio e visite mediche specialistiche organizzate. Il tempo libero, termine anch'esso fantozziano, perché presuppone che durante l'attività lavorativa si sia soggetti a un regime di schiavitù, deve essere ridefinito e le attività sportive e culturali rese possibili anche nel luogo di lavoro. L'azienda deve avvicinarsi al modello di comunità con valori condivisi, avere obiettivi a lungo termine e una propria ideologia.

Molti di questi concetti sono già stati applicati, ma non dalle società della new economy, che, infatti, hanno percentuali di perdita di personale da capogiro, ma da società della very old economy che hanno puntato sulla persona. Società che hanno una longevità eccezionale, almeno cinquant'anni, con un approccio visionario da sempre e, ovviamente, risultati economici molto positivi.

Alcuni nomi: Sony, Walt Disney, Boeing, General Electric, Merck, Nordstrom, aziende vincenti per avere puntato sulla persona da sempre. Ma sono poche, pochissime, 18 in tutto il mondo, come riportato nel libro: "Built to Last" di Collins e Porras.

Il concetto di attenzione alla persona non è quindi nuovo e si è già dimostrato vincente. La Rete lo impone come fattore strategico.

Riferimenti:

Paolo Villaggio, "Fantozzi", Rizzoli

James C. Collins & Jerry I. Porras, "Built to Last", HarperBusiness

Il marinaio perduto

più sentono il rumore della cascata
a cui sono diretti, più lo negano

Il marinaio perduto è un caso clinico narrato dal famoso neurologo Oliver Sacks nel suo libro: "L'uomo che scambiò sua moglie per un cappello". Il marinaio, chiamato Jimmie, soffriva della sindrome di Korsakov. Tale sindrome comporta la perdita continua della memoria recente. Chi ne è affetto ha la memoria ferma per sempre a un certo istante del suo passato. Jimmie era fermo al 1945. Oliver Sacks narra dei dialoghi con Jimmie e del suo rifiuto del presente, avvertito come un incubo per pochi minuti e subito dimenticato. Jimmie era come un nastro registrato che non poteva memorizzare nuove informazioni; un nastro che si riposizionava sempre al punto iniziale. Una memoria immobile. Una situazione che comportava l'impossibilità di cambiare, di evolvere.

Riavvolgere il nastro per cancellare le lezioni del presente è un comportamento frequente, quasi abituale nei confronti della Rete. In particolare verso una regola imposta dalla Rete stessa: la fine dell'intermediazione senza valore aggiunto. Via Internet si può acquisire direttamente un bene, un servizio, un'informazione. Senza intermediari. Ormai abitualmente compriamo via Rete biglietti aerei, libri, forniture per la casa. Sottoscriviamo abbonamenti e accediamo a servizi bancari e assicurativi. Disponiamo di un pc, di uno smartphone o di un tablet. Usiamo un browser come una volta il telecomando. Molte aziende questo lo sanno, che il mercato di domani sarà Rete o non sarà, ma tendono a dimenticarsene, assumendo una reazione difensiva o di rimando. E quindi mantengono in vita strutture inutili, tollerano inefficienze organizzative, rimandano gli investimenti, scaricano i costi sui clienti o sul sistema.

Questo comportamento, se mantenuto, ha come esito prevedibile la fine dell'azienda, come sta avvenendo nell'ambito dell'editoria e, se diffuso, la crisi di interi sistemi paese. Il cliente, parola che preferisco a consumatore, si rivolgerà a chi gli offrirà il servizio migliore. La localizzazione geografica di chi eroga il servizio perderà di importanza e non verrà neppure percepita dai clienti. Le bilance dei pagamenti di alcuni Stati potrebbero essere totalmente squilibrate verso l'estero con pesanti conseguenze economiche e politiche. Perché allora non si cambia? Perché non si adatta l'organizzazione aziendale ai nuovi tempi? Perché non vengono attivati nuovi canali distributivi attraverso la Rete? Provate a pensare a una grande azienda che decida di tagliare i costi improduttivi legati all'intermediazione senza valore aggiunto. Quali forze si trova a fronteggiare?

I canali distributivi attuali, obsoleti, che associano alla parola Internet il diavolo; canali che però oggi determinano i ricavi dell'azienda. La resistenza al cambiamento da parte del personale, in particolare quello direttivo, che sarebbe giudicato dal personale aziendale, l'impossibilità, o la non volontà, di riqualificare tutte le persone per nuovi compiti più orientati verso la tecnologia e il servizio al cliente. Tutte forze formidabili che, associate ad un periodo di franchigia prima di un radicale cambiamento della Rete, fanno rimandare ogni decisione, riavvolgono il nastro; è una condanna autoinflitta dalla stessa società, e la punizione è una fine certa. Quando decideranno di attivarsi, altre aziende le avranno precedute. E per loro non vi sarà più tempo a disposizione per attuare il cambiamento. Viviamo in un momento di transizione. Alcuni ne vedono gli effetti, altri li rifiutano e rimangono ipnotizzati dal mondo che hanno sempre conosciuto.

Vivono in una loro dimensione in cui si radicano e guardano con fastidio le manifestazioni della nuova realtà. Più sentono il rumore della cascata a cui sono diretti, più lo negano. Fino al grande salto.

Chi rimarrà fossilizzato nel suo passato e vedrà i cambiamenti come situazioni spiacevoli da rimuovere, seguirà nel suo destino il marinaio Jimmie. Rimarrà per sempre con la memoria immobile a prima della Rete.

"Bisogna saper scegliere in tempo, non arrivarci per contrarietà." Cantava Francesco Guccini in Eskimo.

Riferimenti:

Oliver Sacks, "L'uomo che scambiò sua moglie per un cappello", Adelphi

Patricia B. Seybold, "Customers.com", Times business

Francesco Guccini, "Eskimo"

I ragazzi venuti dal Brasile

la fiducia è piena o non esiste

Un anziano professore entra in un'aula universitaria affollata di ragazzi e ragazze. Fa delle domande per risolvere un problema e ottenere una spiegazione a una serie di fatti inspiegabili senza un nesso apparente. Gli studenti analizzano insieme gli eventi spiegati dal professore e trovano associazioni e indizi che lo guidano verso la soluzione. L'idea di rivolgersi a un gruppo esteso di menti brillanti si dimostra vincente.

La scena è tratta dal libro "I ragazzi venuti dal Brasile" di Ira Levin e la figura del vecchio signore è ispirata a Ezra Lieberman, un famoso cacciatore di nazisti alle prese con la clonazione di Adolf Hitler.

Della storia mi è rimasto impresso l'episodio riportato che descrive una situazione in apparenza usuale: persone che si relazionano insieme e discutono per trovare una soluzione.

Sembra semplice, ovvio, quasi banale: più sono le persone che partecipano, più una soluzione a un problema è possibile.

È lapalissiano, ma utopico.

Riflettiamo: persone libere di esprimersi che si relazionano, si riconoscono e stabiliscono un reale contatto tra loro per raggiungere un obiettivo comune da cui tutti traggono un vantaggio.

È una cosa normale? Vi capita spesso? Vi sembra possibile?

Le ragioni per cui la situazione descritta non avviene quasi mai sono molte. A mio avviso alcune sono determinanti, in particolare con la trasformazione delle organizzazioni attuali in organizzazioni di rete.

La relazione tra le persone non è automatica. Non deriva dalla sola intelligenza razionale, quella misurata con il QI. La relazione è governata dall'intelligenza emotiva, una facoltà di cui tutti disponiamo, che influenza le nostre emozioni e il nostro comportamento. L'intelligenza emotiva può essere insegnata e sviluppata.

Daniel Goleman, autore del best seller "Intelligenza emotiva", sostiene che la Rete amplifica le relazioni, ma proprio per questo richiede maggiore intelligenza emotiva.

Per relazionarsi occorrono anche fiducia e trasparenza. Quante volte vi è capitato di sentire e forse anche di dire:

"Di quella persona mi fido abbastanza..."?

Il significato della frase è in realtà: "Non mi fido affatto". La fiducia è piena o non esiste. Deriva dalla coerenza tra quello che viene detto e quello che viene poi effettivamente fatto. La fiducia è molto difficile da ottenere e per essere trasparenti verso gli altri è necessario fidarsi di loro. La condivisione della conoscenza richiede che questa sia disponibile a tutti, in tempo reale. Questo in Rete è possibile, ma è attuato solo a compartimenti stagni, impedendo così la possibilità di correlare informazioni apparentemente disomogenee, quindi il formarsi di libere associazioni e dello sviluppo del pensiero laterale.

La censura va eliminata. La sua presenza blocca lo sviluppo dei gruppi e delle organizzazioni, e impedisce il nascere di veri dibattiti e discussioni. In molti casi le persone si autocensurano, praticano una censura preventiva per non andare contro il loro contesto sociale, soprattutto se devono esprimere concetti e idee innovativi ma non graditi. L'accesso alla conoscenza deve essere reso possibile dando a tutti la stessa possibilità di entrare in Rete; non permetterlo limita la crescita delle organizzazioni. È come praticare una lobotomia al cervello.

L'obiettivo deve essere comune. La competizione interna in conflitto con il raggiungimento dello scopo definito va ridotta ed eliminata. Intelligenza emotiva, fiducia, trasparenza, condivisione della conoscenza, abolizione della censura, accessibilità alla Rete, obiettivi comuni. Caratteristiche indispensabili per l'evoluzione delle organizzazioni, che dovranno, con il diffondersi della Rete, aumentare la loro velocità di cambiamento.

L'accelerazione diventerà un fattore costante di eccellenza, ma anche di sopravvivenza, e sarà il risultato della somma di tutte le persone appartenenti alle organizzazioni.

Riferimenti:

Ira Levin, "I ragazzi venuti dal Brasile"

Daniel Goleman, "Intelligenza emotiva"

Charles Darwin, "L'origine delle specie"

A simple story

eppure la Britannica sembrava immortale...

Nel 1768 Mozart scriveva la sua prima operetta e James Cook partiva per il suo viaggio di scoperta del Nuovissimo Mondo. Nello stesso anno, a Edimburgo...

Colin Macfarquhar e Andrew Bell pubblicavano l'Enciclopedia Britannica, l'Enciclopedia per antonomasia, un testo che ha riscosso un successo mondiale per più di due secoli. La Britannica è stata per lunghissimo tempo un'istituzione e il simbolo stesso del sapere. Da tempo non lo è più. La Rete ne ha decretato la fine, prima come società e poi come luogo esclusivo della conoscenza.

La Britannica è stata vittima della sua presunzione e del suo lunghissimo successo. Ma narriamo la storia. Nei primi anni '90 la Microsoft contattò la Britannica per proporre un accordo di collaborazione per una versione digitale dell'enciclopedia da distribuire su cd rom. La Britannica rifiutò, preoccupata che una versione cd rom potesse cannibalizzare il mercato ad alto margine dei libri stampati. Microsoft decise di continuare il progetto da sola e creò l'enciclopedia multimediale Encarta, avvalendosi del contenuto di Funk & C. Wagnalis, più audio e video pubblici.

Il costo di produzione di Encarta era allora di 1,50 dollari contro i 250 dollari dell'Enciclopedia Britannica. Il contenuto di Encarta era inoltre più facile da aggiornare e da distribuire. In 18 mesi Encarta divenne un best seller mondiale e Britannica ridusse di molto il proprio mercato. Solo a questo punto Britannica decise di contattare Microsoft per riconsiderare la proposta originaria. Bill Gates raccontò in seguito che non stipulò un accordo perché le ricerche di mercato dimostrarono che Britannica era un brand con valore negativo nel settore delle enciclopedia multimediali. Gates prima di concludere le trattative giunse a chiedere a Britannica il pagamento di royalties per distribuire l'enciclopedia sui prodotti della Microsoft. Britannica rifiutò. In seguito Britannica ha cambiato più volte il vertice aziendale, eliminato la forza di vendita, cercato di guadagnare quote di mercato con versioni cd rom. Non ebbe successo. La storia si è conclusa con l'enciclopedia messa in onda gratuitamente sulla Rete nella speranza di incassare introiti con la pubblicità. Eppure la Britannica sembrava immortale...

La velocità del cambiamento delle organizzazioni è ormai un dato di fatto, e moltissime rischiano di uscire dal mercato. Nonostante le loro dimensioni; nonostante il loro brand.

Le aziende hanno spesso un rifiuto immotivato verso la realtà e tendono a evitare di affrontare le conseguenze della diffusione della Rete. "Tirano a campare nella speranza di non tirare le cuoia", parafrasando Giulio Andreotti. Talvolta sembra di essere in una commedia di Ionesco: l'interlocutore che può essere alternativamente la direzione aziendale, il responsabile del marketing o il responsabile dei sistemi informativi, ti ascolta, annuisce vigorosamente alle considerazioni sulla inevitabilità di posizionarsi in Rete e poi non fa nulla. Molti agiscono solo a parole, a livello marketing o pubblicitario, lasciando inalterato tutto il resto. Come se le parole e le dichiarazioni pubbliche potessero tramutare magicamente la realtà. Altri attivano servizi gadget sulla

Rete per dare una testimonianza di presenza, per dire: "io c'ero".

L'eccesso di personale, la sua riqualificazione, i processi aziendali non sono semplici da cambiare. Non è neppure semplice affrontare la forte sindacalizzazione presente nelle grandi aziende, nè la gestione degli intermediari commerciali, oggi fondamentali per il risultato economico, ma destinati a scomparire con la Rete. Non sono cose semplici, ma non affrontarle porta a una semplice conseguenza: uscire dalla scena.

Vedere alla voce Enciclopedia Britannica.

Gli alberi nella neve

solo chi fa previsioni le può sbagliare

*«Perché siamo come tronchi nella neve.
Apparentemente vi sono appoggiati, lisci sopra, e
con una piccola scossa si dovrebbe poterli spingere
da una parte. No, non si può, perché sono legati
solidamente al terreno. Ma guarda, anche questa è
solo un'apparenza.»*

– Franz Kafka, "Gli alberi"

La realtà della Rete è uguale agli alberi nella neve descritti da Franz Kafka? Ognuno ne può dare una sua interpretazione? Certo, ed è normale sbagliare. Solo il tempo, la primavera che scioglierà la neve, ci potrà confermare nei nostri giudizi. Vi ricordate? Internet era all'inizio e-commerce, al punto che ne era divenuta sinonimo. Poi fu associata alla new economy, senza i vincoli dell'economia che eravamo abituati a conoscere e con una velocità di creazione del valore inimmaginabile. Un passo ancora e le società della Rete furono considerate il futuro del mondo, il loro valore fu gonfiato insieme alle persone che le guidavano fin dalla bolla e che in molti casi, purtroppo, le guidano ancora.

Potrei proseguire con gli errori di valutazione e di visione; vale la pena invece che scriva che cosa è la Rete per me. Solo chi fa previsioni le può sbagliare, concedetemi quindi la possibilità d'errore.

24 alberi nella neve:

1_Internet è nuova relazione, cambia i rapporti tra le persone.

2_Internet modifica i processi organizzativi.

3_Internet è una rivoluzione culturale, per capirla va studiata come tale.

4_Internet è un supermedia che assorbirà tutti gli altri.

5_Internet pone le persone al centro di ogni processo.

6_Internet elimina le intermediazioni senza valore aggiunto.

7_Internet ha maggiori probabilità di successo se applicata a realtà preesistenti; la competenza non si inventa, ma evolve.

8_L'informazione generalista su Internet è gratuita (ad esempio i fatti del giorno o le quotazioni di borsa).

9_Organizzarsi in rete richiede un approccio multidisciplinare: business, comunicazione, design, organizzazione, applicazioni software.

11_Internet, intranet (la rete interna alle organizzazioni) ed extranet (le connessioni tra la propria rete e quelle esterne) sono indivisibili, qualunque sia il modello di business che s'intende sviluppare.

12_Internet non va identificata con la tecnologia, questo è sempre più chiaro con l'accesso di massa all'informazione.

13_Il B2B sarà accelerato dal B2C; la richiesta di servizi da parte degli utenti finali sarà il vero motore del cambiamento.

14_La velocità d'evoluzione in funzione dei feed

back ottenuti attraverso la Rete diventerà il vero valore competitivo di ogni organizzazione.

15_La Rete ha una valenza anticapitalista, con la sua diffusione aumenta il valore delle idee e della conoscenza e diminuisce quello del denaro.

16_La Rete cambia la politica introducendo una relazione reale tra politici e cittadini: la democrazia diretta.

17_ L'avvento del P2P (peer_to_peer) renderà inattuabili e antistorici i modelli di business basati sulla proprietà dell'informazione.

18_Internet è pervasiva, modificherà ogni contesto sociale.

19_Internet favorisce il nascere di aziende/ organizzazioni etiche basate su modelli di comunità e destabilizza le strutture gerarchiche.

20_La condivisione della conoscenza, resa possibile dalla Rete, va attuata per svilupparsi.

21_Le aziende si focalizzeranno sul core business associandosi in network per ogni altra componente. Organizzazioni a stella in cui i nodi saranno scelti in funzione della loro qualità.

22_I servizi tra loro complementari si presenteranno in modo unitario in Rete, sullo stesso sito.

23_Internet è qui per restare.

La primavera arriverà? Quando sapremo se queste e altre previsioni sono vere? Oggi siamo alla fine dell'inverno e molti ancora dubitano che vi sarà un cambiamento. Ma la primavera arriverà e la neve, sciogliendosi, mostrerà alberi ben saldi.

Riferimenti:

Franz Kafka, "I racconti"

Christopher Locke, Rick Levine, Doc Searls, David Weinberger, "The cluetrain manifesto"

Democrazia diretta

il politico sarà considerato in termini utilitaristici

Questo articolo fa riferimento alle primarie del partito democratico americano del 2003, scritto una sera a New York in un albergo prima di uscire a cena.

Le ultime elezioni americane sono state le prime in cui Internet è stato utilizzato realmente dai candidati. Sia Bush che Gore hanno affrontato la competizione elettorale dando ampio spazio ai temi legati alla Rete, in particolare a: educazione, tassazione, e-commerce, regole per l'e-business, libertà di informazione (free speech), controllo della pornografia (porn filtering), privacy e reale e distribuita possibilità di accesso alla Rete (digitai divide). Entrambi i candidati hanno affrontato le elezioni con uno staff di esperti in web marketing. Interessante notare che Bush, il vincitore, era il candidato favorito della Silicon Valley.

Numerosi siti di società americane hanno offerto i loro servizi ai candidati dei due schieramenti, tra le quali vanno citate: Aristotle Publishing, Campaign Advantage, Capitol Advantage, Grassroots.com e Netivation. Tra i servizi offerti: veicolazione dell'immagine del candidato, raccolta di fondi on line, promozione dei programmi elettorali.

Le elezioni hanno dimostrato che si possono prevedere i risultati delle stesse con la valutazione degli accessi ai siti legati ai candidati nei diversi Stati (oggi ampiamente superati dai Big Data, ndr) e hanno confermato che una vasta maggioranza degli americani considera Internet come fonte di informazione attendibile.

La tecnologia sta irreversibilmente trasformando il processo politico, ed è un cambiamento al suo inizio.

Valutarne le implicazioni è essenziale.

L'accesso alla Rete diventerà esplosivo con la diffusione del B2C, con la diffusione in ogni casa di strumenti di accesso di massa legati al mobile.

Le rivoluzioni nelle comunicazioni sono sempre state al centro dei cambiamenti delle organizzazioni sociali, Internet non fa eccezione. La Rete introduce il concetto di democrazia diretta e con esso l'accesso dei cittadini alle informazioni, il rapporto diretto con il candidato, il controllo dell'attuazione dei programmi e la partecipazione collettiva alle scelte.

La democrazia diretta ha le sue regole e le sue implicazioni.

Le regole:

_trasparenza, il dibattito politico si basa sui fatti e sull'attendibilità, provata, delle dichiarazioni dei candidati;

_eliminazione delle intermediazioni senza valore aggiunto, i politici devono quindi dimostrare di averlo attraverso i fatti. La relazione è diretta tra loro e l'elettore;

_l'informazione non è più mediata;

_interattività;

_il brand non conta, il contenuto è importante. In altri termini, chi spende tempo on line decide dove andare. Se non sei interessante va altrove; il rispetto del programma è importante;

_spiegazione, elaborazione ed estrapolazione del

contenuto contrapposti a sintesi e ripetizione;

_il testo scritto perde di importanza, attualmente solo il 15% del testo scritto è letto on line;

_il messaggio è globale;

_narrowcasting al posto di broadcasting.

Le implicazioni:

_condizionamento continuo del politico da parte dell'elettorato, prima e dopo le elezioni;

_i temi quotidiani, sociali, che riguardano direttamente il cittadino, diventeranno più importanti di quelli politici, es. servizi ai bambini più rilevanti dell'integrazione europea; non temi astratti, ma problemi qui e ora;

_il cittadino accederà a più fonti di informazione, le potrà confrontare. L'importanza di una determinata notizia non sarà più decisa dai giornalisti con la scaletta del telegiornale o con la prima pagina del quotidiano;

_il politico stabilirà una relazione one to one con i propri elettori, via sito, email, forum e chat;

_nascita dei referendum e dei poll via Internet; inizialmente, pur non avendo valore legale, avranno un valore di pressione politica. I referendum su temi di importanza nazionale o locale diventeranno abituali come oggi la lettura dei quotidiani o le news televisive serali;

_i politici potranno, prima di prendere una decisione,

per esempio votare per una certa legge, disporre dell'opinione del loro collegio elettorale;

_siti di comunicazione politica informeranno puntualmente i cittadini sull'operato dei politici, sulla loro aderenza ai programmi, sull'avanzamento dei progetti e consentiranno di influenzare il politico. Esempi americani: www.vote.com e www.speakout.com;

_acquisizione di una nuova area elettorale, prima disinteressata alla politica perché non coinvolta;

_nascita di comunità virtuali, veri gruppi di pressione politica con propri siti e capacità di spostamento di flussi elettorali;

_le email degli elettori (e i social, allora non esistenti, ndr) diventeranno il punto di reale contatto;

_il profilo dell'elettore consentirà di indirizzare un messaggio in modo puntuale;

_l'importanza di Internet sarà maggiore a livello locale, dove l'attuazione dei programmi di governo è più visibile e i problemi immediatamente percepibili.

Nel prossimo futuro vi sarà una tensione inevitabile tra democrazia diretta e democrazia rappresentativa e vecchi media, tv e giornali, che potrà rallentarne l'avvento.

I politici inoltre, in mancanza di una reale esperienza nell'uso di Internet, si orienteranno ancora verso la televisione per promuovere sé stessi. Ma con il tempo quest'investimento si rivelerà inutile. Negli States si raggiungerà entro i prossimi 4/5 anni una tale massa critica su Internet che obbligherà i partiti a indirizzare gli investimenti prevalentemente in Rete.

L'interactive leader sarà allora il nuovo politico, colui che trasforma continuamente i desideri della pubblica opinione in realtà. Questo nuovo politico non avrà bisogno di essere interpretato dai media attuali, che perderanno quindi la loro importanza.

L'interactive leader da una parte acquisterà potere, ma dall'altra lo perderà perché dovrà rendere conto ai cittadini delle sue azioni e a perseguire la volontà dell'elettorato in tempo reale.

Il politico sarà considerato in termini utilitaristici dai cittadini, se farà un buon lavoro avrà successo e potrà considerarsi immune da valutazioni morali, etiche o ideologiche.

Nel suo discorso d'addio del 17 gennaio 2001 al parlamento dell'Arkansas, Bill Clinton dichiarò: "To be a president is a job. It's just a job", anticipando con questa semplice dichiarazione l'avvento della democrazia diretta.

Riferimenti:

Il portale dei servizi dello Stato della California: www.ca.gov

Fo-Grillo-Casaleggio, "Il grillo canta sempre al tramonto"

L'insostenibile pesantezza dell'essere

ogni azienda è sotto assedio

Sabato mattina, ore nove, dormo. Suona il telefono. Una voce pronuncia il mio nome e cognome in tono suadente chiedendomi se sono proprio io il fortunato. Rispondo: "Sì, certo". Avuta la conferma che cercava, lo sconosciuto mi propone una serie irrinunciabile di servizi di un noto operatore telefonico. Lo insulto – quando mi svegliano sono irritabile – e riaggancio.

Devo spedire dei pacchi voluminosi in Australia. Telefono a uno spedizioniere internazionale che mi è stato raccomandato da un amico (il sito non consentiva l'operazione). L'operatrice del call center, dopo le generalità e l'indirizzo, mi chiede letteralmente: "Qual è il suo destino?". Per sicurezza verifico che si tratti della società di trasporti che cercavo e non di uno studio di cartomanzia. Destino, scopro, equivale a destinazione. Rispondo: "Noble Park, Melbourne, Australia". La signora mi chiede il CAP di Noble Park, le confesso che non lo so, che non mi sento minimamente in colpa per questo e che la sua grandiosa impresa di trasporti avrebbe dovuto dotarla almeno di una base dati con i codici d'avviamento postale. Mi spiega che lei non può farci niente (risposta standard) e che senza CAP non garantisce tempi certi di consegna. Proseguo nella conversazione. Mi chiede la volumetria dei pacchi – la so! – e il peso. Purtroppo non ho una bilancia per pacchi in casa e il peso che le comunico è approssimativo. Dice che allora non si può fare. Mi prendo le mie responsabilità e le comunico un peso certo, pronto a pagarne ogni conseguenza. A questo punto, dopo venti minuti piuttosto conflittuali, mi domanda il contenuto dei pacchi. La informo che si tratta di effetti personali.

"Eh, no!" risponde, "La nostra azienda non spedisce effetti personali!"

Arrivo all'aeroporto di Boston, negli Stati Uniti. La mia segretaria ha prenotato un'auto da una nota società di leasing che ha uffici e garage nell'area aeroportuale. L'aereo ha accumulato ritardo e l'ufficio è chiuso. Chiamo il call center. Una voce con un accento non propriamente bostoniano mi chiede dove mi trovo fisicamente nell'aeroporto. Cerco di spiegarglielo e capisco nel frattempo che la voce proviene dall'Ohio, probabilmente da una casa privata, e che la persona con cui parlo non dispone della mappa dell'aereoporto. Spiegarsi al telefono con una casalinga dell'Ohio è impresa superiore alle mie forze. Prendo un taxi.

L'agente Smith, nel film Matrix, ha enunciato una grande verità: «Un essere umano non dovrebbe mai fare il lavoro di una macchina.»

I servizi via Rete hanno intelligenza, velocità, memoria storica del cliente e dei processi. Chiunque abbia fatto uso di siti orientati al servizio sa quanto questo sia vero. Molto meglio la relazione via Rete che attraverso un call center o presso gli uffici della società. La relazione web con l'assicurazione, la banca, la compagnia aerea o qualunque ente che fornisca un servizio rappresenta un salto di livello rispetto al passato.

Ma solo se il servizio in rete è definito e progettato in funzione del cliente. Se è "usabile". Un esercizio che richiede investimenti e, soprattutto, un modo nuovo di rapportarsi con il cliente. Valutazioni imprenditoriali e non solo finanziarie.

Un mantra che sento recitare da anni è "CRM", Customer Relationship Management. Un mantra nato prima della Rete, il cui obiettivo è la gestione del cliente. Molte grandi aziende hanno fatto investimenti rilevanti sul CRM in questi anni considerando il web solo un canale, non il centro della relazione come dovrebbe essere. Io sono cliente, come molti, di servizi di alcune di queste grandi aziende e in tutta onestà non mi sono accorto di essere al centro della loro rinnovata attenzione grazie al CRM.

In Rete ogni società può disporre di relazioni dirette e individuali. Per questo le organizzazioni vanno progettate in funzione delle relazioni in rete, integrando il mondo fisico. La propria presenza in Rete deve essere sviluppata in funzione del target e delle relazioni che si vogliono instaurare, con aree, contenuti, percorsi e feed back profilati. Deve evolvere in funzione del comportamento degli interlocutori, indirizzarne le scelte in modo dinamico.

Patricia Seybold, autrice del libro "The Customer Revolution", affermava che oggi ogni azienda è sotto assedio da parte dei suoi clienti e chi ignora questa verità lo fa a suo rischio e pericolo.

Chuck Martin, uno dei guru storici della Rete, ha scritto: "Il cliente è il prodotto", Don Peppers e Martha Rogers in "One-to-One Future", spiegano: "Tutti i tuoi prodotti sono effimeri. Solo i tuoi clienti sono reali". Affermazioni condivisibili e condivise anche dai soliti soloni che affermano che è già così, che l'attenzione verso il cliente è costante, che gli investimenti in Rete sono ormai una realtà. Ma non è il cliente che dovrebbe giudicare? Che forse sta già giudicando? Che sta comparando diversi livelli di servizio offerti in Rete da aziende dello stesso settore? Che sceglie sempre più in funzione della trasparenza?

La pesantezza insostenibile che si prova nei confronti delle imprese che non offrono un servizio adeguato, che ci importunano al telefono e tagliano gli investimenti, cresce ogni giorno. E ogni giorno in Rete possiamo cercare alternative (che esistono).

È un esercizio catartico, fatelo anche voi.

Riferimenti:

Patricia B. Seybold, "The Customer Revolution", Crown Business NY

Chuck Martin, "The Digital Estate", McGraw-Hill

Don Peppers & Martha Rogers, "One-to-One Future", Currency

Gli UFO ed intranet

gli UFO forse esistono, ma non ne ho ancora visto uno

Il 24 giugno del 1947, alle tre del pomeriggio, il pilota civile statunitense Kenneth Arnold si trovava in volo a circa 9000 piedi vicino al monte Rainier nello stato di Washington. Un bagliore attirò la sua attenzione e vide nove oggetti volanti diretti verso sud. La loro forma era simile a dischi sottili e si muovevano a balzi, come sassi lanciati sull'acqua.

La loro dimensione era comparabile a quella di un DC-4 e volavano a circa 1500 miglia l'ora. In seguito Kenneth usò il termine "flying saucer", dischi volanti, per descrivere ciò che aveva visto. Kenneth era una persona credibile e la sua storia divenne presto di pubblico dominio negli Stati Uniti.

L'otto luglio dello stesso anno avvenne il misterioso incidente di Roswell nel New Mexico, con la caduta di un oggetto non identificato e il presunto recupero da parte dei militari di corpi alieni. Una famiglia, i Wilmot, testimoniò di avere visto distintamente un oggetto a forma di disco precipitare al suolo. Da notare che gli oggetti volanti visti in precedenza da Arnold volavano verso sud, quindi probabilmente verso il New Mexico. I militari dissero di avere ritrovato un disco volante, ma quattro ore dopo si corressero affermando che si trattava di un pallone per il rilevamento atmosferico.

Ad oggi la verità non è stata ancora appurata e Roswell è diventato il centro mondiale degli appassionati di ufologia, neologismo derivante da UFO, Unidentified Flying Objects, oggetti volanti non identificati. Gli avvistamenti successivi sono stati migliaia in tutto il mondo, mai però supportati da prove certe e gli UFO sono diventati una fede per molti. Lo stesso vale per le intranet in Italia di cui vi sono stati molti avvistamenti non suffragati da prove.

Una intranet, a differenza di un sito web che è accessibile da tutti, è visibile solo all'interno dell'azienda che l'ha creata. Tutte le persone responsabili a vario titolo di una intranet con cui ho parlato, hanno sempre affermato di avere una intranet che aderiva a ogni esigenza dell'azienda.

Peccato che non sia vero.

Per spiegare questo fenomeno di negazione pirandelliano (di intranet ne possono esistere una, nessuna e centomila) partiamo dalla definizione di una intranet.

Una delle migliori è la seguente:

"Una intranet è il web aziendale, il sito virtuale dove business e comunicazione si sviluppano; condivide le medesime tecnologie di Internet con due differenze fondamentali: proprietà e modalità di accesso."

Una intranet è, in sostanza, l'organizzazione in Rete. Un nuovo modello che ridefinisce la relazione a 360 gradi tra azienda e persona.

La maggior parte delle aziende utilizza invece intranet come strumento di comunicazione, come un nuovo canale, confonde intranet con l'informazione aziendale. In una grande banca hanno persino adottato un circuito televisivo interno in cui si esibiscono i dirigenti. Poche aziende comprendono le implicazioni di una intranet, che sono molte e totalmente innovative.

La tecnologia intranet consiste in due set di standard, l'IP (Internetworking Protocol) e i web standard, e consentono la comunicazione tra i computer di diversi produttori e l'indipendenza del contenuto dalle applicazioni. Intranet è evolutiva in quanto si collega alle infrastrutture hardware e software esistenti rendendo i dati e le applicazioni accessibili a ogni persona all'interno dell'organizzazione. In questo intranet ricorda la stele di Rosetta, o di Rashid, una pietra in basalto sulla quale erano riportate iscrizioni riferite a uno stesso decreto in tre lingue: greco, egiziano geroglifico e demotico. La stele consentì all'archeologo Champollion di decifrare i geroglifici egizi e di comprendere una grande civiltà scomparsa. Lo stesso avviene per intranet che rende l'azienda, le sue funzioni, i suoi processi e la sua conoscenza, comprensibili per ogni persona in funzione del suo profilo aziendale. L'introduzione di una intranet è un processo irreversibile, muta la natura dell'organizzazione da gerarchica a funzionale, rende fondamentali la condivisione della conoscenza e la capacità di innovare, introduce la misurazione dei processi in tempo reale e il loro miglioramento continuo. Fornisce all'azienda dei sensi e le consente di operare in un contesto in cui il tempo decisionale è strategico.

Gli UFO forse esistono, resta il fatto che io non ne ho ancora visto uno. Lo stesso vale per un'intranet completa in Italia.

Riferimenti:

Tyson Greer, "Understanding Intranets", Microsoft Press

Stephen Telleen, "Intranet Organization": http://www.iorg.com/intranetorg/

Jacobsen Annie, "Area 51. La verità senza censure", Piemme

Il Downshifting e la corsa del topo

"Lavorare.Vivere.Consumare"

"The rat race", la corsa del topo dentro la ruota, sempre più veloce per rimanere nello stesso punto, è l'immagine più adatta per descrivere il consumatore.

"Lavorare. Vivere. Consumare."
Un concetto che molti vorrebbero scritto in modo indelebile sui muri, come il mussoliniano "Credere. Obbedire. Combattere." che ancora appare in alcune case di campagna di inguaribili nostalgici.

La società in cui viviamo si basa sul consumo, non sullo sviluppo, ma i due concetti vengono, ad arte, strettamente associati. "Non c'è sviluppo senza consumo" è il messaggio che riceviamo. Se non consumiamo l'economia può fermarsi.

La pubblicità, tassa che paghiamo sul prodotto comprato, induce all'acquisto. Se non hai soldi da spendere, ti vengono prestati con l'ovvio interesse da pagare. I messaggi pubblicitari sono sempre più quantitativi o legati a prestiti (facili, immediati) di poche migliaia di euro ottenibili con una semplice telefonata.

Non puoi comprare quello che non ti serve? Nessuna preoccupazione, ti aiutiamo a indebitarti!

Durante le feste natalizie, in una pubblicità martellante trasmessa alla radio, una mamma prometteva a suo figlio di portarlo (la domenica!) all'ipermercato se si fosse comportato bene. Nel mese di gennaio spesso la notizia di apertura dei telegiornali era dedicata ai saldi. Ai saldi! Isis, disoccupazione, Ebola, Ucraina avevano minore importanza. Questa spazzatura mediatica dovrebbe servire a rilanciare l'economia? No, ma di certo spinge al consumo.

Juliet Schor, economista di Harvard, riporta nel libro "The Overspent American" i dati di una ricerca che dimostrano la connessione tra televisione e consumo: per ogni ora settimanale trascorsa davanti alla televisione, gli americani spendono 208 dollari in più all'anno.

"The rat race", la corsa del topo dentro la ruota, sempre più veloce per rimanere nello stesso punto, è l'immagine più adatta per descrivere il consumatore.

La ruota, è evidente, non porta vantaggi al topo, che è spinto a correre e a consumare sempre di più.

Consumare significa, secondo il Dizionario Etimologico della Lingua Italiana:

"sciupare, adoperare esaurendo in tutto o in parte."

È quello che succede al consumatore, che, oltre ai beni acquistati, consuma sé stesso, il suo tempo, i suoi affetti, i suoi interessi, in definitiva la sua vita.

Queste considerazioni sono alla base del movimento *downshifting*. Il termine downshifting fu usato per la prima volta nel 1994 dal Trends Research Institute di New York per indicare il comportamento di persone che barattavano una riduzione anche consistente del loro salario in cambio di maggior tempo a disposizione. Downshifting significa "adottare uno stile di vita rilassato, più naturale". Per il downshifter il tempo è più importante del denaro, mentre sono disvalori l'accumulo di ricchezza e il consumo fine a sé stesso.

Il valore assoluto è il tempo e, allora, perché investirlo in consumi non necessari? Perché lavorare un mese intero per comprare un capo firmato, o una settimana per acquistare uno smartphone?

Altri movimenti hanno teorizzato un approccio simile,

come gli hippy o i dropout negli anni '60 e '70, ma la loro posizione era anti sistema, quindi più facilmente contenibile. I downshifter sono dentro il sistema e, per questo, molto più pericolosi. L'antesignano del movimento è Duane Elgin, un americano che, all'inizio degli anni '80, introdusse il concetto di "semplicità volontaria" (voluntary simplicity). Elgin perseguiva un equilibrio tra lavoro, consumo, felicità personale e risorse del pianeta. Un concetto auspicato in seguito da molti, ma scarsamente applicato perché richiede uno spostamento, a livello di massa, dei valori culturali su cui si basa la società consumistica in cui viviamo.

La recessione economica, la globalizzazione, l'evidente degrado del pianeta e Internet hanno, negli ultimi anni, favorito l'affermarsi del downshifting.

I downshifter stanno crescendo. In Europa le persone che hanno deciso di cambiare il loro stile di vita sono milioni, con un incremento di un terzo negli ultimi anni.

I downshifter provengono da tutte le classi sociali. Lo stereotipo del downshifter di mezza età, con un reddito medio alto e desideroso di trasferirsi in campagna è falso. Chiunque può diventare downshifter e liberare il suo tempo.

Un facile esempio? Si può fare tranquillamente a meno della televisione, che fa consumare tempo (molto) e soldi.

Per diventare downshifter, oltre a una forte determinazione, è necessario seguire alcune regole pratiche, prepararsi in tempo. Il libro "Down-shifting: The Guide to Happier and Simpler Living" dà alcuni preziosi suggerimenti. La regola base deriva comunque dalla consapevolezza. Non c'è gestione del proprio tempo senza la conoscenza. Come disse Epicuro:

"Una ferma conoscenza dei desideri fa ricondurre ogni scelta o rifiuto al benessere del corpo e alla perfetta serenità d'animo."

Internet è un naturale motore del downshifting. Le variabili base del downshifter, conoscenza e tempo, sono implicite nella Rete. In Internet la conoscenza, che prelude alla capacità di scelta, è quasi assoluta, con costi di accesso sempre più bassi. Il risparmio di tempo è dovuto alla possibilità di lavorare in modo decentrato sul territorio, anche da casa, con una diminuzione del costo della vita. Via Internet si può accedere ai servizi annullando il tempo: banche, pubblica amministrazione o supermercati sono sempre disponibili.

Internet è l'alleato naturale dei downshifter per cambiare una società basata sulla mobilità e sulla proprietà in una costruita sulla diffusione della conoscenza e sui servizi. Più naturale, non consumistica.

Il downshifter oggi può essere visto come un sovversivo dai grossi gruppi industriali, da molti partiti politici, dai media condizionati dalla pubblicità.

Ma il futuro è dalla sua parte: fuori dalla ruota del topo.

Riferimenti:

Judy Jones & Polly Ghazy, "Down-shifting: The Guide to Happier and Simpler Living", Coronet

Juliet Schor, "The Overspent American: Upscaling, Downshifting and the New Consumer", Basic Books

Epicuro, "Lettera sulla Felicità", Stampalternativa

Qualcuno volo' sul nido del cuculo

alcune aziende sono manicomi

Aziende–manicomi, senza relazioni tra le persone che ne fanno parte, con regole assurde, con ambienti spersonalizzanti.

Nel film "Qualcuno volò sul nido del cuculo", Jack Nicholson interpreta Patrick McMurphy, un ribelle condannato per reati minori che si finge pazzo per evitare la prigione ed essere ricoverato in una clinica psichiatrica.

La maggior parte dei pazienti della clinica è stata abbandonata dalla famiglia, pochi sono realmente pazzi. Tutti, senza distinzione, devono seguire regole molto rigide che li privano della loro individualità.

McMurphy cerca di reagire e di dare coscienza di sé ai ricoverati.

Nel mondo claustrofobico in cui vivono, i pazienti sono incoraggiati a spiarsi, a comportarsi da delatori. Non esiste privacy: docce, sale e dormitori sono in comune. I "Gruppi di Terapia" con i medici sono simili ai processi sovietici degli anni '30, dove ai condannati era richiesta la confessione pubblica di delitti non commessi prima della condanna a morte.

La clinica è dominata dalla paura, e il potere risiede in un'unica persona: la dottoressa Ratched, interpretata dall'attrice Louise Fletcher.

Nel tentativo di salvare dall'oblio i suoi compagni, McMurphy condanna sé stesso alla lobotomia.

Il film, ispirato all'omonima novella di Ken Kesey, è una metafora applicabile a qualsiasi contesto umano, dalla scuola alle aziende.

Molte domande nascono da "Qualcuno volò sul nido

del cuculo": Le aziende sono manicomi? Chi deve dettare le regole in azienda? Il conformismo paga? È giusto ribellarsi a regole senza senso? Il Capo è decisivo? Le persone sono autorizzate a disobbedire di fronte a un ordine sbagliato? Il libero pensiero è un valore?

Sì, alcune aziende sono manicomi, senza relazioni tra le persone che ne fanno parte, con regole assurde, spesso applicate solo perché sedimentate nel tempo, con ambienti spersonalizzanti.

Vi sarà capitato di percorrere almeno una volta corridoi lunghissimi con tutte le porte chiuse e provare un senso d'angoscia, di lavorare osservati dal superiore gerarchico attraverso un vetro oppure immersi nel rumore di traffico urbano in open space da incubo.

Con la Rete, l'individuo acquista visibilità e una nuova centralità in azienda. L'informazione può essere condivisa da tutti e, di conseguenza, le decisioni devono essere trasparenti e motivate a qualunque livello. La Rete rende antistorica e un po' ridicola la figura del Capo decisore assoluto.

Le regole devono essere dettate dalla comunità aziendale.

Gli amministratori delegati sono spesso figure mistiche insediate all'ultimo piano (ne conoscete uno che stia al primo?). I loro uffici, come le barche per i Vip, definiscono l'importanza gerarchica. L'ego al potere.

Alcune riviste di economia sorpassano ormai quelle di costume nel culto della personalità effimera. Manager fotografati di tre quarti, di profilo, seduti in poltrona con aria determinata, in piedi con lo sguardo serio di chi vede lontano, l'orologio sul polsino, la cornetta del telefono in mano (ma devono sempre telefonare mentre li fotografano?), le braccia incrociate e il piglio del Duce che fu, la giacca tenuta con una mano dietro alle spalle con fare giovanile.

Per i media, il resto dell'azienda sembra non esistere: cosa produce, con che criteri, le persone che ne fanno parte sono notizie accessorie, marginali.

Partecipo a una conferenza a cui sono stato invitato. Parlano alcuni importanti dirigenti di aziende italiane, non dell'argomento in programma, ma di sé stessi, dei loro successi, di come *loro*, con l'aiuto (aiuto strettamente in minuscolo) di una squadra di manager, hanno cambiato *in meglio* l'azienda. Non parlano delle organizzazioni in cui operano, delle persone che ne determinano il successo. Mi viene la nausea.

Esistono aziende in profondo rosso con persone licenziate a migliaia e manager ricchi come Re Mida, società che perdono valore industriale nel tempo mentre i dirigenti si arricchiscono.

Una moderna teoria economica dei vasi comunicanti, con un vero e proprio trasferimento di valore.

Il conformismo è un vantaggio? Si sa, gli "yes man", o altrimenti chiamati in termini più volgari, di solito fanno carriera e i McMurphy una brutta fine. Ma i conformisti non servono all'azienda, al massimo sono utili all'ambizione di chi li dirige.

L'illogicità della burocrazia va combattuta e non subita.

Il comando senza leadership riconosciuta non serve. Certo, gli ordini sono eseguiti, ma nel tempo più lungo possibile, senza partecipazione o contributi individuali.

L'azienda in Rete è aperta, il pensiero individuale è il suo presupposto e la chiave dello sviluppo.

Riferimenti:

Milos Forman, "Qualcuno volò sul nido del cuculo", USA 1975

Daniel Goleman, "Lavorare con Intelligenza Emotiva", Rizzoli

La caffettiera per masochisti

il paradosso della tecnologia

La caffettiera per masochisti è un "oggetto impossibile" con il manico e il beccuccio sullo stesso lato. Il caffè bollente viene versato direttamente sulla propria mano. La caffettiera è uno dei tanti oggetti impossibili creati da Jacques Carelman, artista francese di fama mondiale. Le parole con cui definisce le sue creazioni sono:

«I miei oggetti, perfettamente inutilizzabili, sono esattamente il contrario di quei gadget di cui la nostra società consumistica è ghiotta... li qualificherei come: grotteschi, assurdi, puerili, profondi, ironici.»

Tra gli oggetti impossibili di Carelman: il pianoforte economico a più elementi, che si può comprare ottava per ottava; il tandem divergente per coppie in crisi; la bicicletta convergente con tre ruote, di cui una in comune; il water closet per trampolieri; la bicicletta per salire le scale con le ruote a forma di croce; la pipa doppia per miscelare diversi aromi; la paletta per le mosche detta "la caritatevole", con un buco al centro per dare almeno una possibilità di scampo alla mosca; la sedia a dondolo laterale detta "il rollìo", per gli amanti del mare; il tampone assorbente concavo per asciugarsi la fronte; la clessidra per non invecchiare con ciottoli al posto dei granelli di sabbia; l'incudine da viaggio; il fazzoletto con il nodo già fatto per non dimenticarsi nulla.

Le provocazioni di Carelman rappresentano in modo estremo la realtà quotidiana, dove oggetti e informazioni ci mettono in una condizione di disagio continuo: le istruzioni delle scatole di montaggio che riescono a farci uscire dai gangheri; i telefoni multifunzionali con cui, più che telefonare, si combatte; i cartelli di evacuazione in caso di incendio che, se letti per intero, non lasciano alcuna alternativa al rogo; le penne biro che qualcuno talvolta ci presta e non riusciamo a usare (si ruotano? e in quale senso? o si premono? o si fanno scattare?); i libretti d'uso degli elettrodomestici: lavatrici, scaldabagni, lettori dvd, caldaie, frigoriferi (libretti comunque introvabili nel momento del bisogno); le indicazioni stradali che assomigliano a una caccia al tesoro, dove una località è menzionata all'inizio per poi scomparire e, se si è tenaci e fortunati, riappare su un cartello qualche chilometro più avanti; gli ingressi aziendali con le schede magnetiche che non sai mai da che lato usare; edifici con indicazioni così confuse che dopo aver vagato a lungo puoi ritrovarti ovunque, guardato con sospetto, dall'ufficio del presidente al laboratorio ricerche.

La tecnologia ha aumentato l'incomunicabilità tra i prodotti, le applicazioni e chi li utilizza.

Il paradosso della tecnologia è che, mentre semplifica la vita fornendo più funzioni a un oggetto o a un programma, allo stesso tempo lo rende più difficile da utilizzare.

La Rete amplifica il paradosso, in quanto rende la tecnologia pervasiva e accessibile a chiunque. Si è passati da applicazioni usate solo da campioni qualificati di persone, ad applicazioni accessibili a tutti: "from one to few, to one to everyone". Le applicazioni, prima della Rete, potevano permettersi il lusso di non essere intuitive. Ora non più.

La Rete impone la semplicità d'uso, "l'usabilità", che

secondo Jeff Veen, guru dell'argomento, è "capire come le persone si comportano".

L'usabilità prevede il disegno delle applicazioni in funzione dei modelli mentali delle persone, che Donald Norman, autore di "The Design of everyday things", definisce come: i modelli che le persone hanno di se stesse, degli altri, del contesto e degli oggetti con cui interagiscono.

Le applicazioni di Rete devono contenere simboli univoci e visibili per le singole funzioni, evitare sequenze operative da ricordare, fare a meno di manuali di supporto, fornire un feed back alle azioni, orientare il comportamento corretto con limitazioni d'uso, avere un senso estetico.

L'accesso alla Rete deve essere semplice, intuitivo. Se è necessario fornire istruzioni d'uso, l'applicazione di Rete è destinata a fallire perché molti di coloro a cui è diretta non la useranno.

Le persone hanno spesso come modello preconcetti che è impossibile cambiare: meglio adeguare l'interfaccia applicativa che pretendere che cambino le persone. L'usabilità implica che ogni applicazione sia definita con e per l'utente finale. Implicazioni meno ovvie di quanto sembri.

In una grande banca ho partecipato a più riunioni alla definizione di un portale di accesso alle funzioni di segreteria, destinato quindi alle segretarie. Gli interlocutori per il progetto erano i responsabili dei sistemi informativi, dell'organizzazione e del personale, ma nessuno si era posto il problema di far partecipare le segretarie al progetto che le riguardava.

Un giornalista mi ha confidato che nel suo gruppo di lavoro le applicazioni di rete sono inutilizzabili perché gli utenti sono stati esclusi dalla loro definizione.

"Nessuno mi ha chiesto di cosa avevo bisogno", mi ha spiegato.

L'utente e il suo comportamento sono le chiavi per la diffusione della Rete. La tecnologia è il supporto, ma senza usabilità serve solo a riempire i magazzini delle aziende di hardware e applicazioni software, e ad allontanare le persone che, come è giusto, non hanno tempo da perdere.

Riferimenti:

Donald A.Norman, "The Design of everyday things", Doubleday

Jacques Carelman, "Catalog of Unfindable Objects", Balland

Jeff Veen, "Web design arte & scienza", Apogeo

Sei gradi di separazione

legge matematica della potenza

Capire le Reti significa capire il pensiero nascosto della realtà e le proprietà degli insiemi, oltre a quelle delle singole parti.

John Guare, scrittore e commediografo americano, pubblicò nel 1990 il libro "Sei gradi di separazione" ispirato alla storia vera di David Hampton, un impostore che convinse un'intera comunità di essersi laureato ad Harvard e figlio del famoso attore Sidney Poitier. Il testo di Guare divenne un grande successo teatrale e ne fu anche prodotto un film con Donald Sutherland.

"Sei gradi di separazione" ha reso comune il concetto del numero di relazioni, sei appunto, che legano un essere umano a un altro sul nostro pianeta. Sei può sembrare un numero troppo piccolo per consentire a chiunque, ad esempio un pescatore delle isole Lofoten in Norvegia, di mettersi rapidamente in contatto con Arnold Schwarzenegger. Il senso comune tende a negare la possibilità che pochi legami colleghino tra loro i sei miliardi di abitanti della Terra.

Un semplice calcolo può fare riflettere. Il numero medio di persone conosciute da un abitante del pianeta può essere convenzionalmente 100. Se si conoscono 100 persone che a loro volta ne conoscono 100 e queste ultime ancora 100, con tre soli gradi di separazione si raggiunge un milione di persone. Con sei gradi il numero è mille miliardi!

Il principio che un numero limitato di relazioni unisca un mondo complesso è uno dei presupposti della Teoria delle Reti, detta anche "Piccolo mondo", come fu ribattezzata dal sociologo americano Stanley Milgram nel 1967.

Il funzionamento di una rete sia essa biologica, geografica o economica, secondo la Teoria delle Reti, segue sempre le stesse regole. Un'intelligenza intrinseca delle Reti governa il comportamento di ogni entità che è parte di un sistema di relazioni. Principi organizzativi in apparenza nascosti operano dietro lo sviluppo di ogni rete. Tra questi, la capacità della rete di mantenere, crescendo, una forte connettività limitando il numero di passaggi necessari per comunicare: il diametro della rete.

La Rete per antonomasia, il vero "Piccolo mondo", è rappresentata da Internet e dal World Wide Web.

Non è un caso che gli studi sulle reti abbiano avuto un forte impulso dopo l'avvento di Internet, grazie ai fisici Duncan Watts e Steve Strogatz e al matematico Albert-Lazlo Barabasi.

Internet, la rete di computer e il WWW, i siti collegati tramite Internet, sono le reti conosciute più estese sulle quali è possibile formulare ipotesi, fare esperimenti, valutare comportamenti di causa/effetto.

Si può parlare di una geometria e di un'intelligenza di Internet e del WWW? Le evidenze sono positive e confermano il comportamento già riscontrato in altri tipi di reti. La crescita di Internet e del WWW è stata (ed è tuttora) casuale e incontrollata, più simile alla nascita del Far West che alla progettazione di una casa.

Con questi presupposti l'invio di una email, per esempio da Milano a Tokio, dovrebbe richiedere un numero elevato di connessioni tra nodi della rete. Si è dimostrato invece che il numero di nodi interessati è mediamente dieci. Internet, in modo autonomo, ha ricreato le condizioni che rendono possibile un piccolo mondo in cui l'informazione fluisce alla maggior velocità possibile. E il diametro di Internet, il numero medio di passaggi per l'invio di un pacchetto di informazioni, rimane contenuto con il crescere di Internet.

Sia Internet che il WWW hanno in comune l'attuazione della legge matematica della potenza per cui aumentando le connessioni in una rete, i nodi o i siti web con un numero elevato di connessioni (detti hub) diminuiscono in modo deterministico. In altri termini, l'espansione di Internet e del WWW sta producendo un numero limitato di nodi e di siti con un numero elevatissimo di connessioni. La consapevolezza di questo tipo di crescita può indirizzare decisioni importanti, come ad esempio le misure da adottare per proteggere Internet da attacchi esterni. Secondo Barabasi, Internet è simile all'eroe greco Achille: molto difficile da uccidere se non si conosce il suo punto debole, il suo tallone d'Achille. Internet è invulnerabile a un attacco in cui i suoi nodi siano colpiti a caso, ma un attacco mirato ai nodi con più connessioni lo distruggerebbe. Una parziale dimostrazione di questa tesi è che in ogni istante circa il tre per cento dei nodi di Internet è fuori uso, ma nessuno se ne accorge.

Perché alcuni siti hanno un numero enorme di collegamenti (detti link) da altri siti? Perché alcuni siti diventano hub del WWW? I motivi non sono ancora chiari, e questo vale anche per altri tipi di Reti. Sembra però che le Reti sviluppino sempre un numero limitato di hub in seguito a un fenomeno che concentra in pochi nodi la maggior parte delle relazioni di una rete, chiamato "aggregazione preferenziale".

Così come Internet, anche il WWW ha un suo diametro che è il numero massimo di passaggi, diciannove secondo Barabasi, che portano da un documento scelto a caso a un altro. Barabasi ha scoperto anche un'associazione logaritmica tra il diametro del web e il numero dei documenti pubblicati in rete, che rende l'aumento di questi ultimi praticamente ininfluente rispetto alla crescita del diametro. Il WWW può quindi svilupparsi a dismisura senza (quasi) modificare l'attuale diametro di diciannove clic di mouse.

Se capire le Reti significa capire il pensiero nascosto della realtà e le proprietà degli insiemi, oltre a quelle delle singole parti, Internet e il WWW rappresentano un ecosistema naturale edun laboratorio di osservazione eccezionale, sia a livello macro, (la Terra), sia a livello di una qualunque struttura.

Propongo in tal senso, una tesi sulle organizzazioni sociali: il potere dovuto alla concentrazione della conoscenza, cresce con l'aumento del diametro del sistema (quindi con l'aumento dei passaggi necessari alla trasmissione di un'informazione), sino al suo collasso.

Riferimenti:

Albert-László Barabási, "Linked: The New Science of Networks", Plume

Mark Buchanan, "Nexus", Mondadori

Watts & Strogatz, "Collective dynamics of small world networks"

Einstein's dreams

i poteri paralleli basati sull'appartenenza

Il fisico Alan Lightman ha descritto in un libro magico e metafisico, "Einstein's dreams", i paradossi che il tempo potrebbe introdurre se mutasse la sua natura o ne rivelasse una esistente, ma insospettata.

Ad esempio, il tempo potrebbe essere circolare e noi condannati a ripetere continuamente, in eterno, le nostre vite. Non vi è mai capitato il fenomeno del dejà vu?

Oppure, il tempo potrebbe avere le stesse qualità dello spazio ed essere tangibile. Le nostre vite si svolgerebbero su di un asse temporale visibile, le vedremmo nella loro interezza così come vediamo paesi, strade, montagne. Potremmo scegliere se e dove spostarci: all'infanzia, alla maturità, o rimanere nell'istante in cui siamo.

Ancora, il tempo potrebbe essere discontinuo tra un attimo e il successivo, e noi percepiremmo questa frattura nelle nostre esistenze solo attraverso l'inconscio. Siete mai stati illuminati o avete cambiato improvvisamente idea senza un motivo apparente?

La Rete, come il tempo einsteniano, ha i suoi paradossi.

Prima dei fusi orari, delle comunicazioni in tempo reale via telegrafo, telefono e radio il tempo non era lo stesso per tutti. Oggi ci sembra naturale che sia così ed il giorno, l'ora, il minuto di ogni località del pianeta possono essere conosciuti in ogni istante, da chiunque.

Internet, come l'orologio per il tempo, rende accessibile a tutti nello stesso momento l'informazione.

Ma è veramente così?

L'informazione si diffonde, attraverso Internet, a diverse velocità, in funzione di vincoli come il "digital divide" (la disponibilità della tecnologia), la lingua (quanti in Occidente conoscono il russo o il cinese?), la cultura, la religione, l'età, il livello di democrazia dei Paesi. Il risultato è la creazione di "isole" di informazione in cui la conoscenza è condivisa solo da gruppi omogenei di persone.

Gruppi che vivono in una pericolosa illusione perché credono che la loro informazione sia universale.

Una limitazione superabile con i traduttori simultanei on line, con la diffusione dei pc e con il cambio generazionale.

Ma l'informazione creata dalla Rete potrebbe diventare univoca, la sua veridicità non essere valutabile e solo da essa potrebbero dipendere le nostre decisioni.

Un mondo governato dalla Rete.

Grazie alle comunità virtuali nate con Internet, persone con gli stessi interessi discutono, condividono, decidono, creano strumenti di pressione sulla società in base alle informazioni e alle relazioni che instaurano tra loro in tempo reale. La velocità di aggregazione di questi nuovi gruppi sociali influenza già oggi le decisioni dei governi.

Le comunità virtuali sono nuovi e determinanti poteri paralleli basati sull'appartenenza.

In Rete un'informazione su un fatto non avvenuto può renderlo reale con grande forza e pervasività. Il film "The Blair witch project" del 1999 è un esempio. La storia narrata dal film è stata diffusa su Internet per oltre un anno come un fatto realmente accaduto, prima del lancio nelle sale cinematografiche. La gente ci ha creduto e il film è stato un successo mondiale. I fatti descritti sono considerati veri ancora oggi da molti

Americani e vi è un continuo pellegrinaggio nei luoghi dove è stato girato.

Internet può creare una realtà deformata.

Un'informazione di dimensioni sempre più vaste, non più percepibile nei termini umani fino a ora conosciuti, come i Big Data, può diventare un territorio da esplorare, in cui cercare la Verità. Uno spazio che contiene tutto il sapere, tutti i dati, nel quale ogni associazione logica è possibile e può assumere dimensioni sacrali, diventare il luogo della Ricerca.

L'informazione e la Rete introducono una relatività simile a quella del tempo di Einstein. Il loro studio può indicarci alcuni dei futuri possibili.

Riferimenti:

Alan Lightman, "Einstein's dreams", Warner book

Dan Myrick & Eduardo Sanchez, "The Blair witch project", USA 1999

Gli adoratori del banano

un mondo rallentato

In un'isola tropicale le persone sembrano immerse in un torpore profondo, come paralizzate. I loro movimenti sono percepibili solo dopo un'attenta osservazione. Giorno e notte gli isolani rimangono immobili in apparente adorazione di piante di banano. Alcuni scienziati studiano le cause di questi comportamenti e uno di loro ne capisce le ragioni quando cade nello stesso stato catatonico. Vede allora le piante muoversi alla velocità degli animali, foglie e liane svilupparsi in pochi secondi: si trova in sintonia con il mondo vegetale. La storia è tratta da un racconto di fantascienza degli anni '50.

Piotr Demianovich Ouspensky, il più noto tra i discepoli di Gurdjieff, l'uomo che introdusse lo Zen in Occidente, si trovò un giorno in una singolare situazione.

Dopo aver trascorso un lungo periodo con il maestro, isolato dal mondo esterno, si recò a Varsavia. Tutte le persone che incontrò gli sembrarono addormentate, in preda a un sogno, automi privi di volontà, macchine. Ouspensky fu preso da una comprensibile angoscia, ma solo lui era cambiato.

Secondo Gurdjieff, la nostra principale illusione è crederci svegli, e il primo passo per l'acquisizione della consapevolezza è renderci conto che non siamo consapevoli. Seguendo i suoi insegnamenti, Ouspensky aveva acquisito un livello di coscienza superiore.

Un mondo rallentato e la mancanza di consapevolezza della realtà sono presenti anche intorno a noi. La Rete e le nuove tecnologie hanno introdotto nella vita quotidiana una paradossale coesistenza e sovrapposizione di organizzazioni e di comportamenti.

Dirigenti che si fanno stampare la posta elettronica dalla segretaria e annotano, per la stessa, le risposte a penna; banche con anagrafiche diverse dello stesso cliente e senza il suo indirizzo di email; spese in sicurezza informatica vanificate dal collegamento libero dei pc degli estranei alla rete aziendale. Strutture del passato convivono con il presente e lo ostacolano. Le persone non ne sono consce e quando percepiscono l'inutilità del loro ruolo si alterano. Preferiscono non riflettere, non svegliarsi.

Devo incontrare un responsabile marketing, ho a disposizione solo mezz'ora. Mi presento in anticipo all'ingresso dell'azienda e fornisco i miei dati alla guardia che mi dà un tesserino e telefona alla segretaria del dirigente, che non risponde. Riprova più volte senza risultato. Su mia insistenza, dopo un quarto d'ora, si azzarda a chiamare il numero diretto del dirigente, che rimane muto. Il tempo scorre e decido di chiamarlo al cellulare (ne conoscevo il numero). Risponde che mi stava aspettando e chiede di passare il cellulare alla guardia, che lo ascolta seccata e mi fa passare.

Ho bisogno di contattare l'amministratore delegato di una società di New York. Via telefono ed email aziendale è sempre filtrato dalla segretaria che mi rimbalza (alcune volte ho il sospetto che le segretarie degli amministratori delegati li proteggano non solo da qualunque contatto esterno, ma dal lavoro stesso). Rintraccio la sua email privata (non è stato difficile). Gli scrivo, mi risponde e lo incontro.

La Rete sta penetrando la realtà, la sta tagliando a fette. Le dinamiche di relazione stanno cambiando a segmenti, a compartimenti stagni. Le organizzazioni e le funzioni sociali assomigliano sempre più a ruderi gloriosi, a resti di un'antica civiltà. Le barriere relazionali cadono, non sono più necessarie. L'accesso all'informazione ed alla persona che la detiene sono possibili in modo diretto.

Gurdjieff usava una tecnica, apparentemente senza senso, per aumentare il livello di coscienza dei suoi allievi. Faceva ripetere un'azione sempre più velocemente, come dipingere una staccionata, falciare l'erba del giardino o scavare una buca. La ripetizione dell'atto e la sua velocità provocavano un cambiamento, le persone acquisivano la coscienza di poter eseguire delle attività in un tempo minore e, con essa, una consapevolezza superiore di sé.

La Rete sta accelerando il cambiamento. Per seguirla, tutti gli adoratori del banano dovrebbero andare a scuola da Gurdjieff.

Riferimenti:

P. D. Ouspensky, "Tertium organum", Astrolabio

P. D. Ouspensky, "La quarta via", Astrolabio

A volte ritornano

nei fiumi si è tornati a fare il bagno la domenica

Esistono enciclopedie on line gratuite, aggiornate continuamente, che evitano di far collassare la libreria di casa sotto il peso di volumi soggetti ad una rapida obsolescenza. Allora perché stamparle?

Negli anni '60, da bambino, ho passato alcune estati nel Veneto, in un piccolo paese dove le case erano allineate lungo una strada parallela a un fiume. All'inizio e alla fine del paese vi erano due bar, i soli a possedere una televisione per il suo costo proibitivo. La sera, le persone si riunivano per vedere gli spettacoli. La televisione era in una stanza a sé, posta sopra un mobile, ai muri erano appoggiate una sull'altra delle sedie di legno pieghevoli, a disposizione dei telespettatori. La televisione era un investimento con grandi ritorni per i bar: le consumazioni aumentavano nelle serate importanti, quelle di "Canzonissima" o delle partite della Nazionale Italiana di calcio. In seguito il televisore fu alla portata di tutti e i bar diminuirono il giro d'affari. Anni dopo, parte dei programmi divenne a pagamento. All'improvviso scomparvero il tennis, le partite di calcio internazionali e molti altri eventi sportivi. Per vederli bisognava pagare un costo addizionale rispetto al canone, che non tutti si potevano e si possono tuttora permettere.

Ora i bar e i pub sono tornati a riempirsi. La sera delle partite di Champion's League i locali che dispongono di un maxischermo sono strapieni.

A volte ritornano...

Fino agli anni '70, le sale cinematografiche erano divise per classi di portafoglio: la prima, la seconda e la terza visione. I passaggi da una visione all'altra potevano richiedere mesi e un biglietto per un film in terza visione costava un'inezia. Poi, i cinema sono diventati (democraticamente) solo di prima visione. Si sono affermati i videoregistratori, le televisioni via cavo, i canali a pagamento.

Oggi esistono di nuovo le prime/seconde/terze/altre visioni. Si chiamano, nell'ordine: sale cinematografiche/ Sky Prima Fila/Blockbuster/Sky/RAI-Mediaset.

A volte ritornano...

Un tempo le bancarelle erano molto diffuse, oggi sono rare. Sono strutture mobili, simili a un carretto, che vendono e scambiano per strada libri e fumetti usati. Chi non aveva soldi poteva comprare i libri, anche di scuola, a un prezzo irrisorio. Le bancarelle si sono poi trasformate in mercatini per collezionisti, non più a buon mercato. Amazon ed eBay le hanno sostituite. Sui loro siti si possono comprare e vendere libri e fumetti usati, di edizioni anche recenti. E in Rete si trovano tutti i testi di cui è scaduto il diritto d'autore. Leopardi, Edgar Allan Poe e Shakespeare sono gratis.

A volte ritornano...

A pranzo, nella primavera del 2003, il direttore di una rivista mi faceva notare la sostanziale inutilità della carta stampata come mezzo di diffusione dell'informazione.

Non potevo che essere d'accordo. La Rete mi fornisce tutta l'informazione desiderata in formato audio/video e in tempo reale. Da allora mi aspettavo una diminuzione della carta in circolazione, con una riduzione del senso di colpa collettivo nei confronti della deforestazione.

Invece è successo il contrario. Un anno dopo, nel 2004, con il Corriere della Sera potevamo disporre di: "I classici dell'Arte", "La Storia d'Italia", "La biblioteca del sapere" e DVD e VHS assortiti. Tomi notevoli e contenitori prodotti, suppongo, in decine di migliaia di copie o più.

A volte ritornano...

Il costo dell'informazione e le sue modalità di diffusione sembrano mutare continuamente per ritornare al punto di partenza. È come se agissero due forze contrapposte. La prima considera l'informazione una merce di cui, di volta in volta, secondo l'opportunità storica, vanno definiti costo e accesso. La seconda ne vuole disporre senza vincoli.

Con Internet, il confronto tra queste due forze si sta facendo feroce. Prima della proiezione del film, nei cinema, è comparso fino a poco tempo fa sullo schermo un avviso che minacciava la pena di *quattro anni* di reclusione per il reato di riproduzione e diffusione di film o brani musicali in Rete. Il passaggio dura pochi secondi e il messaggio è sintetico, ma raggiunge l'obiettivo di terrorizzare i presenti in sala. Molti si chiederanno se i figli abbiano scaricato un film da Internet per correre a casa a cancellarlo immediatamente dal pc.

L'informazione e, in senso più esteso, la conoscenza, sono in Rete. Il fenomeno è irreversibile. Esistono enciclopedie on line gratuite, aggiornate continuamente, che evitano di far collassare la libreria di casa sotto il peso di volumi soggetti ad una rapida obsolescenza. Allora perché stamparli? Promuoviamo l'accesso alla Rete e forniamola di contenuti, basta con l'orgia quotidiana di DVD/VHS/inserti/libri nelle nostre edicole. Quanto costa lo smaltimento di questi inutili contenitori di informazioni. Chi paga?

Certo, indirizzando il consumo sul contenitore e non sul contenuto (l'unico che interessa) si mantengono in vita mercati parassitari e vengono definite le politiche di prezzo in funzione della fruizione: non si fa pagare l'informazione, ma la sua tipologia di accesso.

La Rete si avvia a diventare il contenitore unico delle informazioni, il che, forse, equivale alla scomparsa del loro costo.

Nel libro "The tipping point", Malcom Gladwell spiega il fenomeno del cambiamento, del passaggio di stato, del momento in cui tutto muta improvvisamente: il tipping point appunto.

L'autore nega che i cambiamenti avvengano in modo graduale in natura o nella società umana. C'è sempre un punto di rottura improvviso.

Questo avverrà, una mattina, anche per la cultura della Rete: i vecchi contenitori di informazione finiranno nei musei e la conoscenza non sarà più oggetto di lucro.

Riferimenti:

Stephen King, "A volte ritornano", Bompiani

Malcom Gladwell, "The Tipping Point, Little", Brown and Company

Magic Town

il "knowledge divide"

Esiste una cittadina dove l'opinione degli abitanti rappresenta quella dell'intero Paese? Un luogo magico dove è sufficiente chiedere a un piccolo numero di persone chi vincerà le elezioni, o se un certo prodotto avrà successo, per saperlo con certezza?

Partendo da quest'idea, Robert Riskin scrisse la sceneggiatura di "Magic Town", film del 1947 interpretato da James Stewart e Jane Wyman e ambientato a Grandview, un posto ideale in cui l'America è rappresentata in tutte le sue caratteristiche, un'immagine da cartolina degli Stati Uniti del melting pot.

James Stewart recita il ruolo di Rip Smith, giornalista esperto di sondaggi che scopre negli abitanti di Grandview la scorciatoia per il successo. Rip Smith si fa credere un assicuratore e, grazie a questo ruolo, acquisisce dai cittadini preziose informazioni sui temi più disparati. Il trucco funziona, i suoi sondaggi si dimostrano una fotografia perfetta del pensiero dell'americano medio. La fortuna di Rip Smith termina quando anche i media scoprono l'esistenza di Grandview, che diventa per tutti la capitale della pubblica opinione. I cittadini di Grandview, ormai consapevoli del loro ruolo, iniziano a documentarsi prima di rispondere alle domande. Passano il loro tempo in biblioteca. Riflettono a lungo prima di esprimere un giudizio e le loro opinioni cominciano a divergere a tal punto da quelle del resto del Paese da risultare totalmente inattendibili.

Magic Town è l'unico film prodotto a Hollywood in cui è presente il tema di una metodologia applicata ai sondaggi politici.

La creazione di un campione di persone informate sui fatti su cui deve esprimersi ha forti attinenze con la nascita della "democrazia diretta" resa possibile da Internet.

Il termine democrazia diretta descrive un nuovo rapporto tra i cittadini e i loro rappresentanti, un'evoluzione del sistema democratico più che un suo superamento. La democrazia attuale opera sul principio di delega, non di partecipazione diretta: con il voto si esaurisce il rapporto degli elettori con i candidati e con le scelte che verranno da questi attuate.

Si vota senza essere informati, per abitudine, per simpatia. Provate (per credere) a chiedere a un vostro conoscente il programma politico del partito per cui ha votato.

La Rete ridefinisce il rapporto tra cittadino e politica consentendo l'accesso all'informazione in tempo reale su un qualsiasi fatto, e il controllo sui processi attivati dal governo centrale o locale.

La democrazia diretta introduce la centralità del cittadino.

I sondaggi costituiscono da tempo un forte legame tra opinione pubblica e potere costituito. Per un paradosso della Storia, fu il Ministro delle Finanze francese, Jacques Neckar, che (con perfetto tempismo) poco prima della Rivoluzione Francese del 1789, sottolineò l'importanza dell'opinione pubblica. All'inizio del secolo scorso i sondaggi divennero abituali e si affermarono grandi società di ricerca di mercato come Gallup, NOP, MORI e Harris. In seguito, presidenti americani come F.D.

Roosevelt e John F.Kennedy hanno utilizzato società di ricerca di mercato per impostare le campagne presidenziali. Oggi il sondaggio è entrato nella vita quotidiana, è presente su ogni media, ma fornisce analisi di scarso rilievo e nel peggiore dei casi è strumentale per influenzare il cittadino non informato.

James Fishkin e Robert Luskin, docenti all'Università di Austin, nel Texas, hanno focalizzato i loro studi sul "deliberative polling", che consiste nella discussione su un determinato tema da parte di un gruppo rappresentativo di persone che acquisisce in anticipo le informazioni necessarie per esprimere una valutazione.

Il "deliberative polling" può durare giorni o settimane. È simile alle giurie popolari che emettono un giudizio solo dopo aver ascoltato i testimoni, le arringhe dell'avvocato e del pubblico ministero. Secondo le parole di James Fiskin: "è un modo per misurare cosa penserebbe il pubblico se fosse meglio informato".

I risultati dei "deliberative polling" sono sorprendenti: grazie a una maggiore conoscenza dell'argomento ed alla discussione con gli altri partecipanti, le risposte si discostano anche del 50% rispetto all'opinione iniziale.

Dalla fine del 2002, Fiskin ha effettuato il deliberative polling on line con ottimi risultati, consentendo di partecipare anche a persone con menomazioni fisiche o in condizioni sociali particolari.

I dibattiti e la condivisione delle informazioni sono avvenuti on line. Il costo del sondaggio si è molto ridotto rispetto agli incontri diretti, pur dovendo dotare in alcuni casi i partecipanti di un computer. Il campione rappresentativo è aumentato enormemente, in quanto

ogni abitante del pianeta può essere accessibile via Rete.
Il deliberative polling on line è lo strumento nascente di una democrazia diffusa in grado di decidere, di essere informata sui fatti, di influenzare e dirigere il governo nelle sue azioni quotidiane. Il concetto di delega non avrà più significato.

Il "knowledge divide", la divisione in classi dei cittadini in funzione dell'accesso alla conoscenza, sarà un tema ordinario di discussione politica.

Nasceranno trasmissioni politiche in cui un campione di persone analizzerà e discuterà un determinato argomento per alcune settimane (ad esempio gli incidenti stradali che causano ogni anno circa 4.000 morti sulle strade italiane o gli incendi dolosi che distruggono ogni estate il nostro patrimonio boschivo) e il pubblico potrà esprimere la sua opinione, in diretta, attraverso Internet.

Magic Town (Città Magica) diventerà semplicemente Everyday Town (Città), una situazione normale e non fantastica.

Riferimenti:

William Wellman, "Magic Town", film, USA, 1947

Bruce Ackerman & James Fishkin, "Deliberation day", Yale University Press

Ma che pianeta mi hai fatto

il contenitore unico delle informazioni

Petrolio e carbone sono proibiti insieme alla circolazione di macchine private. I mezzi pubblici sono gratuiti. L'emissione di Co2 è punita con la reclusione fino a 30 anni. Taxi, tabaccai, macellerie e librerie sono scomparsi. La più grande impresa del mondo produce biciclette e monopattini. Le spiagge sono libere. I cacciatori fanno solo safari fotografici e ripongono nei nidi i piccoli caduti al suolo. Chi è sorpreso con un fucile è lasciato libero e nudo nei boschi e cacciato da personale specializzato con pallettoni di sale grezzo dall'alba al tramonto. In Spagna non si fanno più le corride. L'accesso alla banda ultra larga è un diritto universale e il telelavoro è diffuso ovunque. Il numero degli avvocati è stato ridotto a un decimo e la macchina della giustizia ha ripreso finalmente a funzionare. Molti ospedali hanno chiuso i battenti da quando sono diminuite le malattie ambientali. Gli ipermercati sono stati rasi al suolo ovunque. I beni alimentari prodotti e consumati a chilometro zero sono defiscalizzati. Le imprese di costruzione sono state riconvertite in imprese di decostruzione. Distruggono edifici e infrastrutture inutili. La decostruzione è diventata in pochi anni uno dei principali business del pianeta insieme alle opere di bonifica. I parrucchieri hanno chiuso i battenti, uomini e donne portano capelli lunghi e disordinati. In Italia le statue di Garibaldi sono state sostituite da statue di Gengis Khan. Nei fiumi si è tornati a fare il bagno la domenica con la famiglia. Chi è sorpreso a inquinare è condannato alla raccolta differenziata a vita nel proprio condominio. Non si possono possedere complessivamente mobili e immobili per un valore superiore a cinque milioni di euro. Ogni euro in più deve andare a favore della comunità. Chi si sottrae è rieducato alla comprensione della vita in appositi centri yoga gestiti da neomaoisti. La parola leader è diventata un insulto. Ognuno è responsabile verso sé stesso e la collettività senza deleghe o intermediazioni. Le decisioni pubbliche sono prese attraverso referendum e leggi di iniziativa popolare sia a livello locale che nazionale. Le Borse, dopo l'azzeramento dei titoli sono state sostituite per sempre da parchi a tema per bambini. La società costruita sul debito è scomparsa. Ogni Paese ha l'obiettivo di diventare ecosostenibile, di vivere delle proprie risorse. Il concetto di energia etica è insegnato nelle scuole elementari. La produzione di armi è considerata un delitto contro l'umanità e punita con l'ergastolo. Il Milan, la società calcistica di Milano, vince campionato e Champions League tutti gli anni. Le poche edicole ancora aperte si sono trasformate in fumetterie e vendono solo albi di Tex. Sono istituiti i ministeri della Pace, della Vita e della Giovinezza. Il reddito di cittadinanza consente a chiunque di vivere in attesa di un lavoro ed è un diritto di nascita in tutto il mondo. La speculazione sugli immobili è proibita. I mendicanti nelle città sono assistiti da dipendenti comunali e avviati a lavori socialmente utili. Nessuno è lasciato solo. Lo spettacolo di bambini che chiedevano la carità ai semafori o di mutilati seduti sul marciapiede è considerato una barbarie del passato. La corruzione è vista come una malattia contagiosa. Corrotti e corruttori sono esposti in apposite gabbie sulle circonvallazioni delle città. Ogni cinque anni si vota on line per una nuova costituzione e si rinnova il patto sociale nei diversi Paesi. La parola "mercato" si usa solo per il mercato rionale. Nelle cariche politiche e istituzionali si alternano per un tempo limitato e per solo spirito civile, cittadini estratti a sorte. Ogni anno si tiene la Giornata della Solidarietà, considerata la massima espressione dello Stato. Il cittadino deve dedicare dalla maggiore età di 16 anni, due ore al giorno alla comunità. Lobby e società segrete sono proibite per legge e i loro membri considerati rei di alto tradimento contro lo Stato. All'ONU ogni Stato ha gli stessi diritti degli altri. Nessuno ha più diritto di veto. La Palestina, il Tibet e il Kurdistan sono diventati Stati membri. Il segreto di Stato non esiste più e ogni documento relativo alla storia della propria nazione è consultabile on line. I bambini sono figli adottivi per legge della comunità dove nascono che ha l'obbligo di averne cura in caso di difficoltà della famiglia di origine o di scomparsa dei genitori. L'esperanto è obbligatorio come seconda lingua. Ognuno può capire l'altro sul pianeta. La proprietà delle aziende appartiene a chi ci lavora. Le multinazionali, dopo la Seconda Rivoluzione Americana, sono state dichiarate illegali in tutto il mondo e quindi sciolte: dalla Monsanto alla Nestlè alla McDonald. I lavori pesanti sono fatti dai robot e non nobilitano più l'uomo.